Impressum
Verlag: BABADADA GmbH, Nedderfeld 112 , 22529 Hamburg
Geschäftsführer / Verlagsleitung: Harald Hof
Druck: Books on Demand GmbH, In de Tarpen 42, 22848 Norderstedt

Imprint
Publisher: BABADADA GmbH, Nedderfeld 112 , 22529 Hamburg, Germany
Managing Director / Publishing direction: Harald Hof
Print: Books on Demand GmbH, In de Tarpen 42, 22848 Norderstedt

училище

koulu

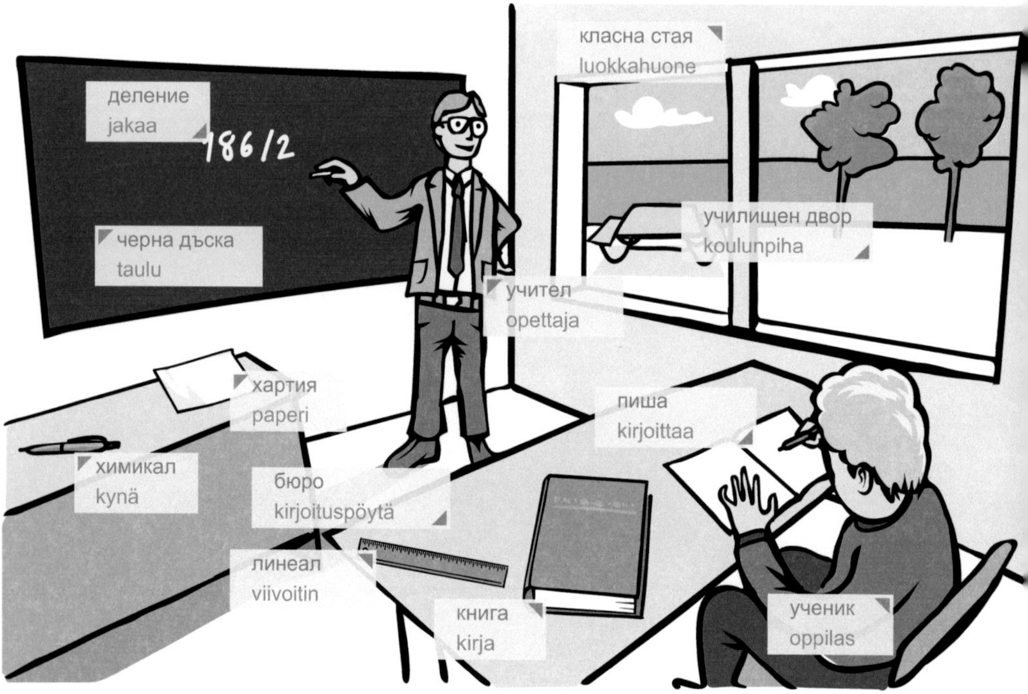

класна стая
luokkahuone
деление
jakaa
186/2
черна дъска
taulu
училищен двор
koulunpiha
учител
opettaja
хартия
paperi
пиша
kirjoittaa
химикал
kynä
бюро
kirjoituspöytä
линеал
viivoitin
книга
kirja
ученик
oppilas

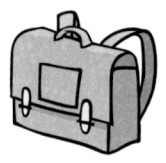

ученическа раница

reppu

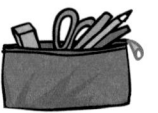

ученически несесер

penaali

молив

lyijykynä

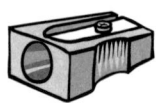

острилка за моливи

kynänteroitin

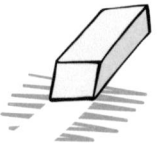

гума

pyyhekumi

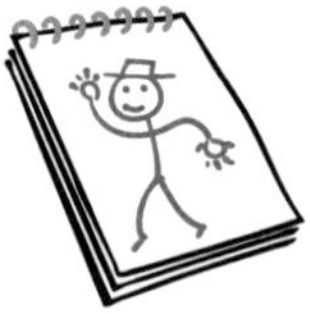

блок за рисуване

piirustuslehtiö

рисунка

piirustus

четка

pensseli

акварелни бои

vesivärit

ножица

sakset

лепило

liima

тетрадка за упражнения

harjoituskirja

домашна работа

kotitehtävä

12

число

luku

2+2

събиране

lisätä

5-2

изваждане

vähentää

2×2

умножение

kertoa

смятане

laskea

A

буква

kirjain

ABCDEFG
HIJKLMN
OPQRSTU
VWXYZ

азбука

aakkoset

hello

дума

sana

текст

teksti

чета

lukea

тебешир

liitu

час

oppitunti

дневник на класа

opettajan muistikirja

изпит

koe

свидетелство

todistus

ученическа униформа

koulupuku

образование

koulutus

справочник

sanakirja

университет

yliopisto

микроскоп

mikroskooppi

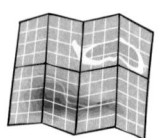

карта

kartta

кошче за хартиени
отпадъци

roskakori

хотел
hotelli

хостел
retkeilymaja

обменно бюро
rahanvaihto

куфар
matkalaukku

кола
auto

език

да / не

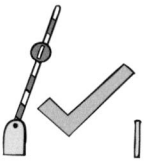

Окей

kieli

kyllä / ei

selvä

здравей

преводач

Благодаря

hei

tulkki

kiitos

Колко струва…?

Paljonko...maksaa?

Не разбирам

en ymmärrä

проблем

ongelma

Добър вечер!

Hyvää iltaa!

Добро утро!

Hyvää huomenta!

Лека нощ!

Hyvää yötä!

довиждане

näkemiin

посока

suunta

багаж

matkatavarat

пътна чанта

laukku

раница

reppu

посетител

vieras

стая

huone

спален чувал

makuupussi

палатка

teltta

туристическа информация

turisti-info

плаж

ranta

кредитна карта

luottokortti

закуска

aamupala

обед

lounas

вечеря

päivällinen

билет

matkalippu

асансьор

hissi

пощенска марка

postimerkki

граница

raja

митница

tulli

посолство

suurlähetystö

виза

viisumi

паспорт

passi

транспорт
kuljetus

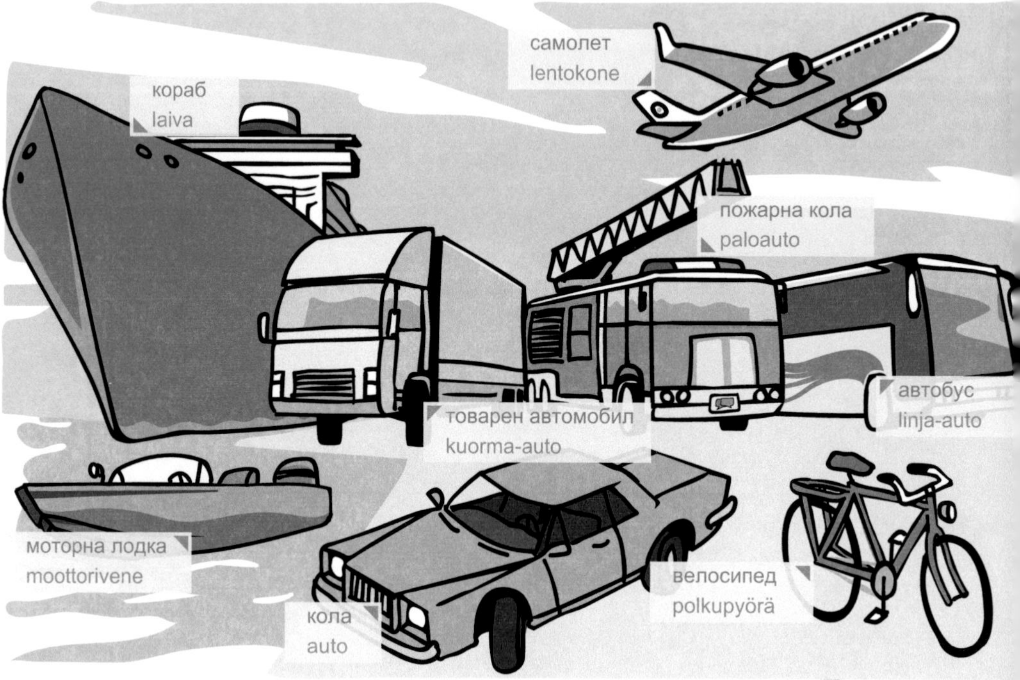

самолет
lentokone
кораб
laiva
пожарна кола
paloauto
автобус
linja-auto
товарен автомобил
kuorma-auto
моторна лодка
moottorivene
велосипед
polkupyörä
кола
auto

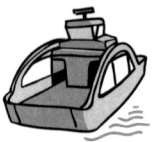

ферибот
lautta

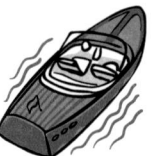

лодка
vene

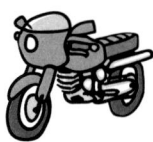

мотоциклет
moottoripyörä

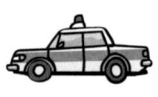

полицейска кола
poliisiauto

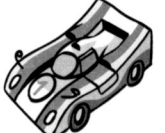

състезателна кола
kilpa-auto

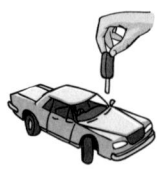

кола под наем
vuokra-auto

каршеринг

car sharing

автомобил от "Пътна помощ"

hinausauto

сметовоз

roska-auto

двигател

moottori

бензин

polttoaine

бензиностанция

huoltoasema

пътен знак

liikennemerkki

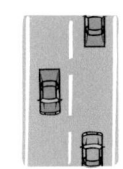

улично движение

liikenne

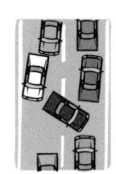

задръстване

ruuhka

паркинг

parkkipaikka

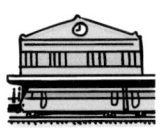

гара

rautatieasema

релси

raiteet

влак

juna

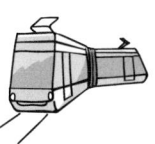

трамвай

raitiovaunu

вагон

vaunu

хеликоптер

helikopteri

аерогара

lentokenttä

кула

lähilennonjohto

пасажер

matkustaja

контейнер

kontti

кашон

pahvilaatikko

ръчна количка

kärryt

кошница

kori

излитам / приземявам се

nousta / laskea

град

kaupunki

село

kylä

градски център

keskusta

къща

talo

кино
elokuvateatteri

реклама
mainos

уличен фенер
katuvalo

CINEMA

улица
katu

такси
taksi

павилион
kioski

пешеходец
jalankulkija

тротоар
jalkakäytävä

пешеходна пътека
suojatie

голяма кофа за смет
jäteastia

кръстовище
risteys

светофар
liikennevalot

хижа

mökki

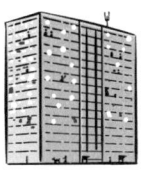

жилище

kerrostalo

гара

rautatieasema

кметство

kaupungintalo

музей

museo

училище

koulu

университет

yliopisto

банка

pankki

болница

sairaala

хотел

hotelli

аптека

apteekki

офис

toimisto

книжарница

kirjakauppa

магазин за цветя

liike

магазин за цветя

kukkakauppa

супермаркет

supermarketti

пазар

tori

универсален магазин

tavaratalo

търговец на риба

kalakauppias

търговски център

ostoskeskus

пристанище

satama

парк

puisto

пейка

penkki

мост

silta

стълба

portaat

метро

metro

тунел

tunneli

автобусна спирка

linja-autopysäkki

бар

baari

ресторант

ravintola

пощенска кутия

postilaatikko

улична табелка

katukyltti

часовник за паркинг престой

parkkimittari

зоологическа градина

eläintarha

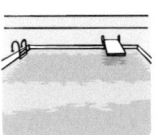

плувен басейн

uimala

джамия

moskeija

селски двор

maatila

замърсяване на околната
среда

ympäristön saastuminen

гробище

hautausmaa

църква

kirkko

детска площадка

leikkikenttä

храм

temppeli

пейзаж

maisema

листо
lehti

пътепоказател
tienviitta

път
tie

ливада
niitty

камък
kivi

дърво
puu

пътешественик
retkeilijä

река
joki

трева
ruoho

цвете
kukka

долина

laakso

планина

vuori

море

järvi

гора

metsä

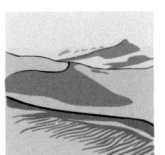

пустиня

aavikko

вулкан

tulivuori

замък

linna

дъга

sateenkaari

гъба

sieni

палма

palmu

комар

hyttynen

муха

kärpänen

мравка

muurahainen

пчела

mehiläinen

паяк

hämähäkki

бръмбар

kovakuoriainen

жаба

sammakko

катеричка

orava

таралеж

siili

заек

jänis

кукумявка

pöllö

птица

lintu

лебед

joutsen

диво прасе

villisika

елен

peura

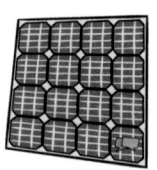

лос

hirvi

бент

pato

вятърна турбина

tuulimylly

соларен модул

aurinkopaneeli

климат

ilmasto

ресторант

ravintola

келнер
tarjoilija
меню
ruokalista
стол
tuoli
супа
keitto
пица
pitsa
прибори за хранене
ruokailuvälineet
покривка за маса
pöytäliina

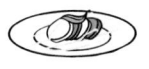

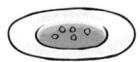

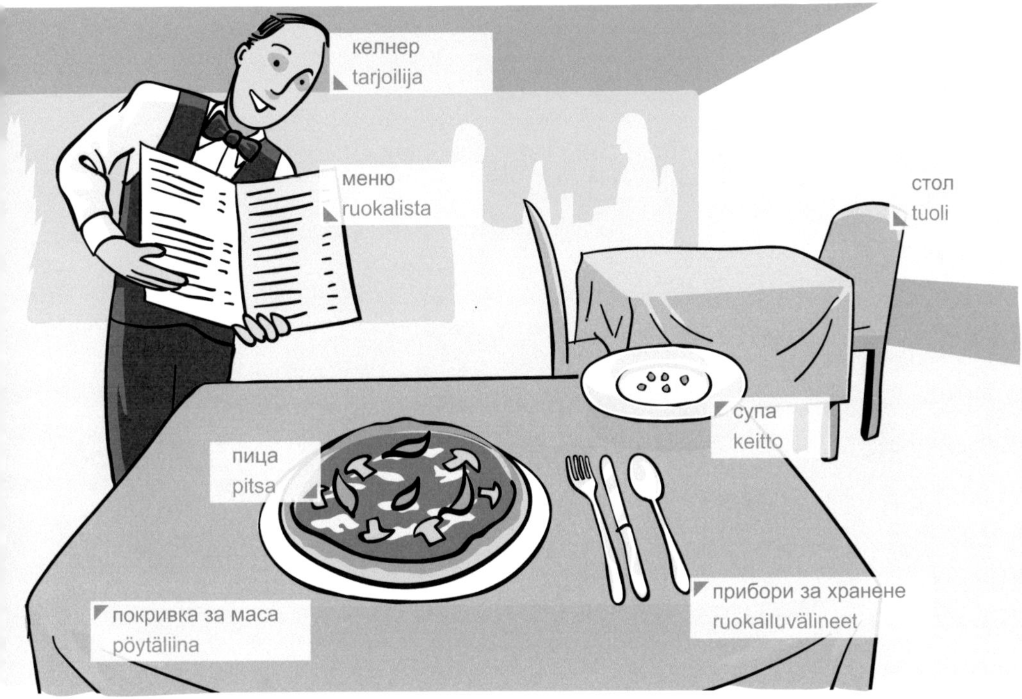

предястие

alkuruoka

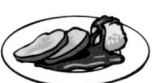

основно ястие

pääruoka

десерт

jälkiruoka

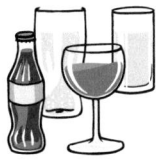

напитки

juomat

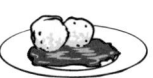

ядене

ruoka

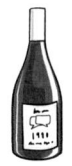

бутилка

pullo

бързо хранене

pikaruoka

улична храна

katuruoka

кана за чай

teekannu

кутия за захар

sokeriastia

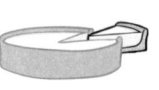

порция

annos

еспресо машина

espressokeitin

висок детски стол

syöttötuoli

сметка

lasku

табла

tarjotin

ножица за нокти

veitsi

вилица

haarukka

лъжица

lusikka

чаена лъжичка

teelusikka

салфетка

servietti

стъклена чаша

lasi

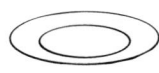

чиния

lautanen

чиния за супа

syvä lautanen

чинийка

aluslautanen

сос

kastike

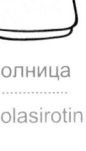

солница

suolasirotin

мелничка за черен пипер

pippurimylly

оцет

etikka

олио

öljy

подправки

mausteet

кетчуп

ketsuppi

горчица

sinappi

майонеза

majoneesi

супермаркет
supermarketti

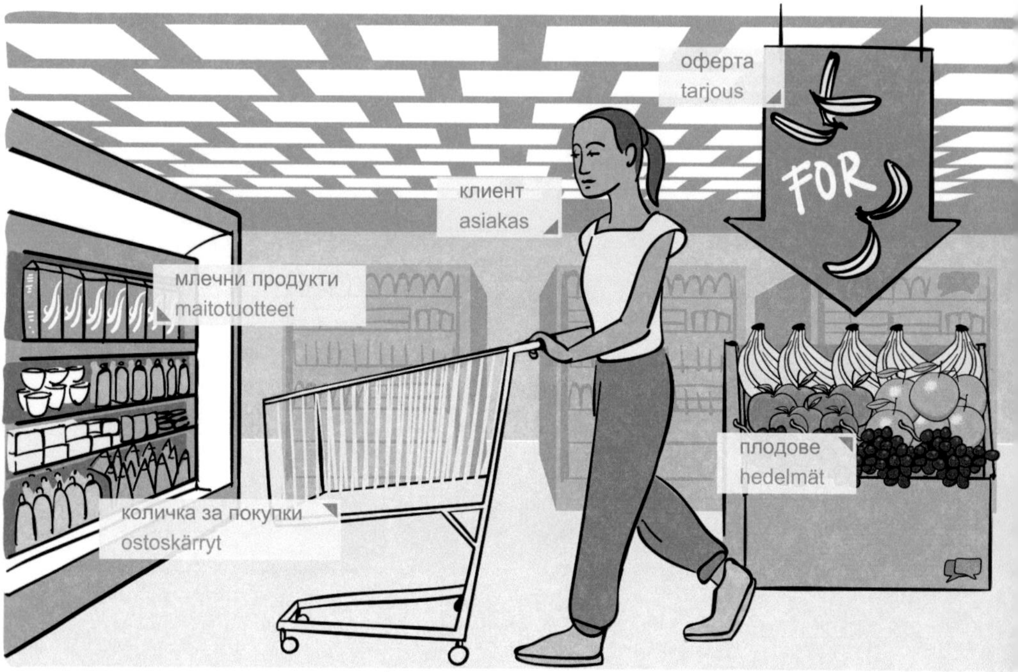

оферта
tarjous
FOR
клиент
asiakas
млечни продукти
maitotuotteet
плодове
hedelmät
количка за покупки
ostoskärryt

BUTCHERS

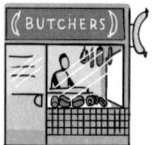

кланица

teurastamo

BAKERY

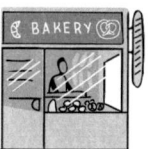

хлебарница

leipomo

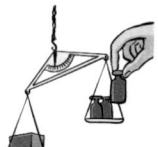

тегля

punnita

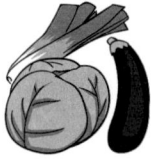

зеленчуци

kasvikset

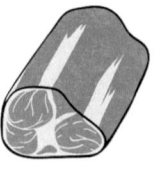

месо

liha

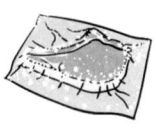

дълбоко замразена храна

pakasteet

нарязан колбас или сирене
leikkele

консерви
säilykkeet

перилен препарат
pesujauhe

лакомства
makeiset

домакински изделия
kotitaloustarvikkeet

почистващи препарати
puhdistusaineet

продавачка
myyjä

каса
kassa

касиер
kassanhoitaja

списък на покупките
ostoslista

работно време
aukioloajat

портфейл
lompakko

кредитна карта
luottokortti

чанта
kassi

пластмасова торба
muovipussi

вода

vesi

сок

mehu

мляко

maito

кола

kokis

вино

viini

бира

olut

алкохол

alkoholi

какао

kaakao

чай

tee

кафе машина

kahvi

еспресо

espresso

капучино

cappuccino

банан

banaani

ябълка

omena

портокал

appelsiini

пъпеш

meloni

лимон

sitruuna

морков

porkkana

чесън

valkosipuli

бамбук

bambu

лук

sipuli

гъба

sieni

ядки

pähkinät

макарони

spagetti

спагети

spagetti

ориз

riisi

салата

salaatti

пържени картофи

ranskalaiset

печени картофи

paistetut perunat

пица

pitsa

хамбургер

hampurilainen

сандвич

voileipä

шницел

leike

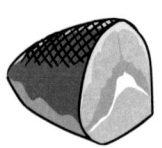

шунка

kinkku

траен колбас

salami

салам

makkara

пиле

kana

печено

paisti

риба

kala

овесени ядки

kaurahiutaleet

мюсли

mysli

корнфлейкс

murot

брашно

jauho

кроасан

voisarvi

хлебчета

sämpylä

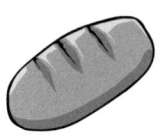

хляб

leipä

препечена филийка

paahtoleipä

бисквити

keksit

масло

voi

извара

rahka

сладкиш

kakku

яйце

kananmuna

яйца на очи

paistettu kananmuna

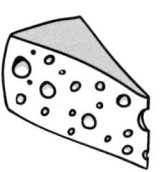

сирене

juusto

сладолед

jäätelö

захар

sokeri

мед

hunaja

мармалад

hillo

нуга крем

suklaapähkinälevite

къри

curry

селски двор

maatila

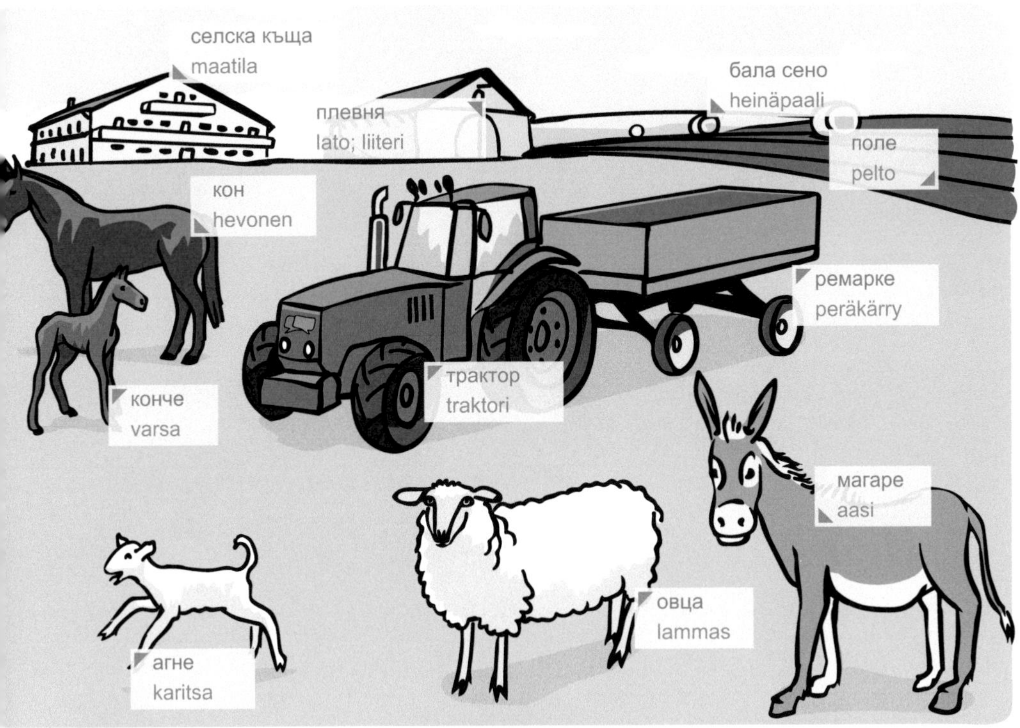

селска къща
maatila
бала сено
heinäpaali
плевня
lato; liiteri
поле
pelto
кон
hevonen
ремарке
peräkärry
трактор
traktori
конче
varsa
магаре
aasi
овца
lammas
агне
karitsa

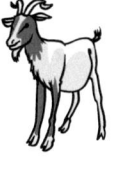

коза

vuohi

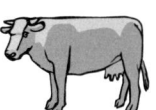

крава

lehmä

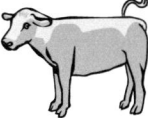

теле

vasikka

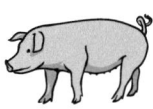

свиня

sika

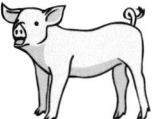

прасенце

porsas

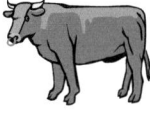

бик

sonni

гъска

hanhi

патица

ankka

пиленце

tipu

кокошка

kana

петел

kukko

плъх

rotta

котка

kissa

мишка

hiiri

вол

härkä

куче

koira

кучешка колиба

koirankoppi

градински маркуч

puutarhaletku

лейка

kastelukannu

коса

viikate

плуг

aura

сърп

sirppi

мотика

kuokka

вила за тор

talikko

брадва

kirves

ръчна количка

kottikärryt

корито

kaukalo

съд за мляко

maitokannu

чувал

säkki

ограда

aita

обор

talli

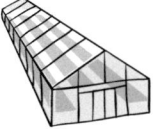

парник

kasvihuone

земя

maa

сеитба

siemen

тор

lannoite

комбайн

leikkuupuimuri

жъна

kerätä sato

реколта

sato

ямс

jamssit

жито

vehnä

соя

soija

картоф

peruna

царевица

maissi

рапица

rypsi

овощно дърво

hedelmäpuu

маниока

maniokki

зърнени храни

vilja

къща
talo

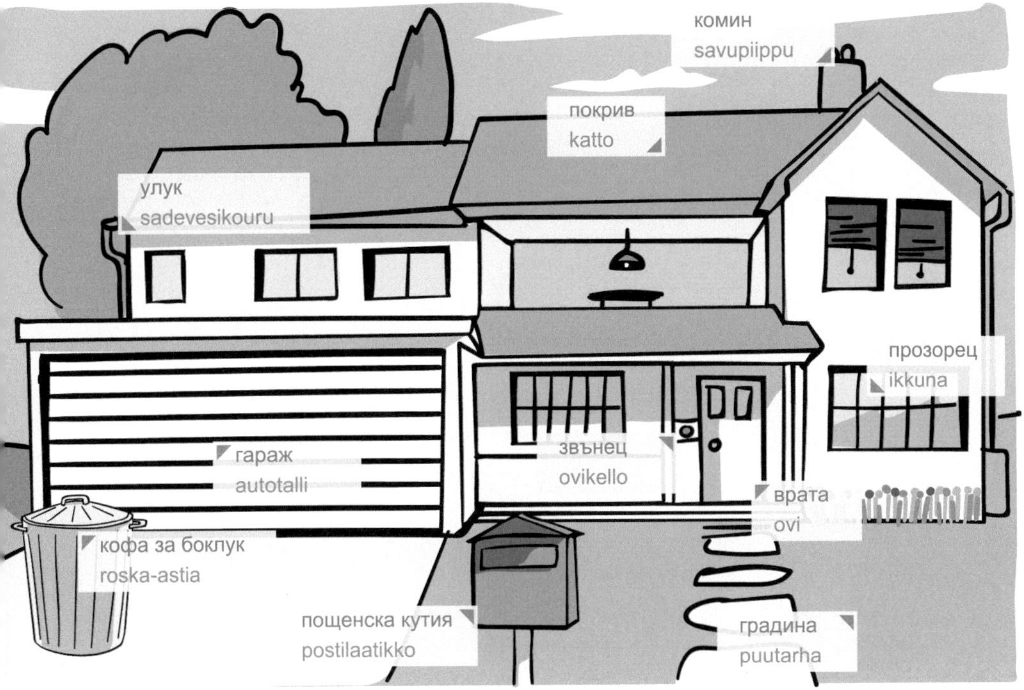
комин
savupiippu
покрив
katto
улук
sadevesikouru
прозорец
ikkuna
гараж
autotalli
звънец
ovikello
врата
ovi
кофа за боклук
roska-astia
пощенска кутия
postilaatikko
градина
puutarha

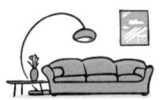

всекидневна

olohuone

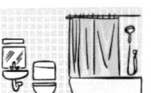

баня

kylpyhuone

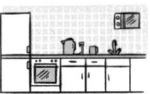

кухня

keittiö

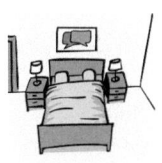

спалня

makuuhuone

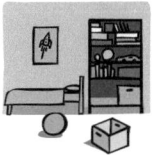

детска стая

lastenhuone

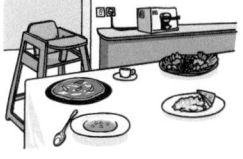

трапезария

ruokahuone

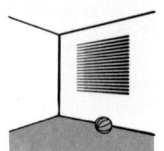

под

lattia

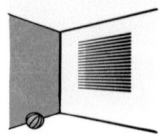

стена

seinä

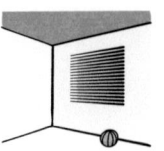

таван

katto

изба

kellari

сауна

sauna

балкон

parveke

тераса

terassi

плувен басейн

uima-allas

косачка

ruohonleikkuri

спално бельо

lakana

покривка за легло

päiväpeitto

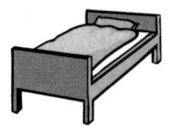

легло

sänky

метла

harja

кофа

ämpäri

електрически ключ

katkaisin

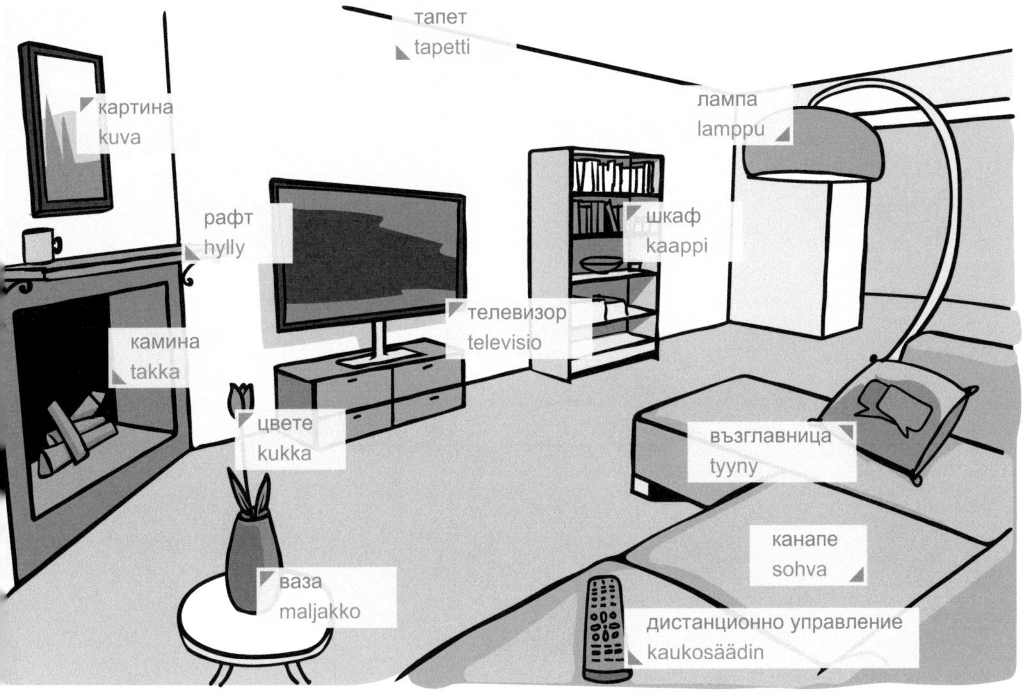

картина
kuva

тапет
tapetti

лампа
lamppu

рафт
hylly

шкаф
kaappi

камина
takka

телевизор
televisio

цвете
kukka

възглавница
tyyny

канапе
sohva

ваза
maljakko

дистанционно управление
kaukosäädin

килим

matto

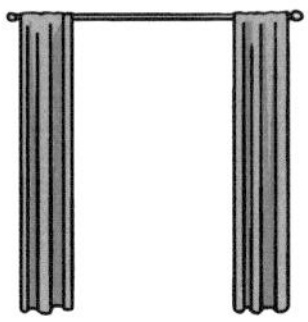

завеса

verho

маса

pöytä

стол

tuoli

люлеещ се стол

keinutuoli

кресло

nojatuoli

книга

kirja

одеяло

peitto

декорация

koriste

дърва за отопление

polttopuut

филм

elokuva

стерео уредба

stereot

ключ

avain

вестник

sanomalehti

живопис

maalaus

постер

juliste

радио

radio

бележник

muistivihko

прахосмукачка

pölynimuri

кактус

kaktus

свещ

kynttilä

кухня
keittiö

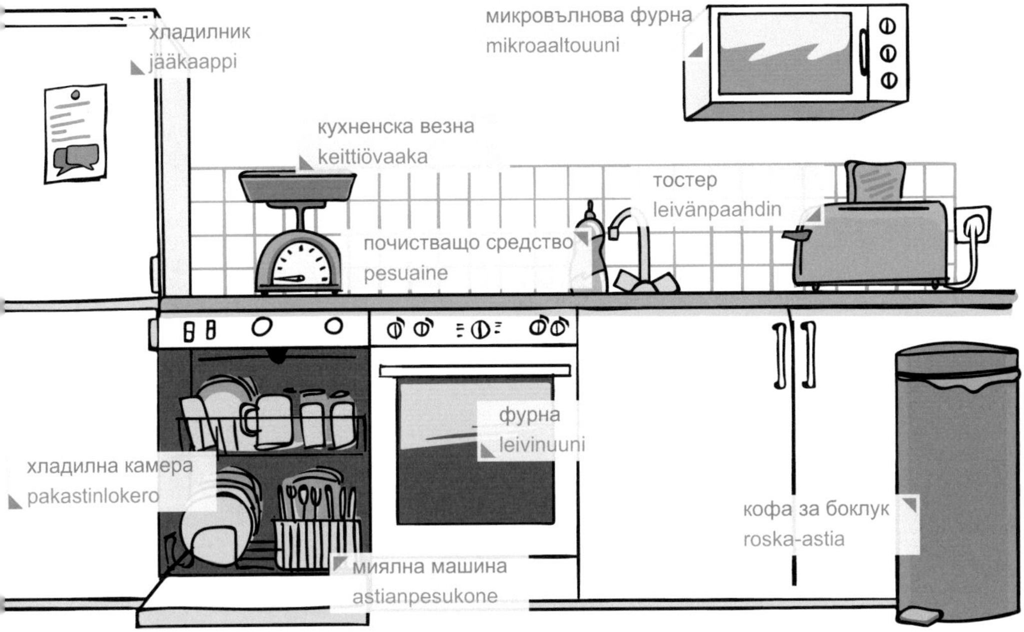

хладилник
jääkaappi
микровълнова фурна
mikroaaltouuni
кухненска везна
keittiövaaka
тостер
leivänpaahdin
почистващо средство
pesuaine
фурна
leivinuuni
хладилна камера
pakastinlokero
кофа за боклук
roska-astia
миялна машина
astianpesukone

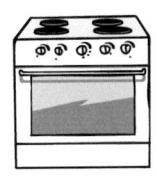

готварска печка

liesi

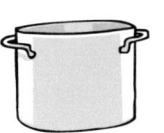

тенджера

kattila

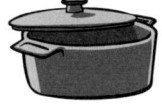

желязна тенджера

rautapata

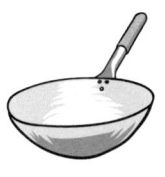

уок / кадаи

vokkipannu / kadai-pannu

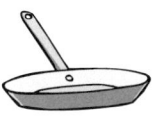

тиган

paistinpannu

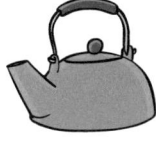

кана за затопляне на вода

teepannu

уред за готвене на пара

höyrykeitin

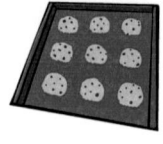

тава за печене

uunipelti

съдове

astiat

чаша

muki

купа

kulho

клечки за хранене

syömäpuikot

черпак

kauha

лопатка за тиган

paistinlasta

тел за разбиване (на яйца, белтъци)

vispilä

кошница за варене

siivilä

гевгир

siivilä

ренде

raastin

хаван

mortteli

барбекю

grilli

огнище

avotuli

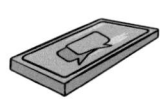

дъска

leikkuulauta

точилка

kaulin

тирбушон

korkinavaaja

кутия

purkki

отварачка за консерви

purkinavaaja

кухненска ръкохватка

pannulappu

мивка

lavuaari

четка

tiskiharja

гъба

pesusieni

миксер

tehosekoitin

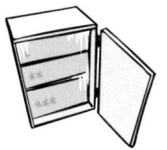

фризер

pakastin

бебешко шише

tuttipullo

воден кран

vesihana

баня

kylpyhuone

отопление
lämmitys
душ
suihku
хавлиена кърпа
pyyhe
завеса за баня
suihkuverho
шампоан за вана
vaahtokylpy
вана
kylpyamme
стъклена чаша
lasi
перална машина
pesukone
воден кран
vesihana
плочки
kaakelit
гърне
potta
мивка
lavuaari

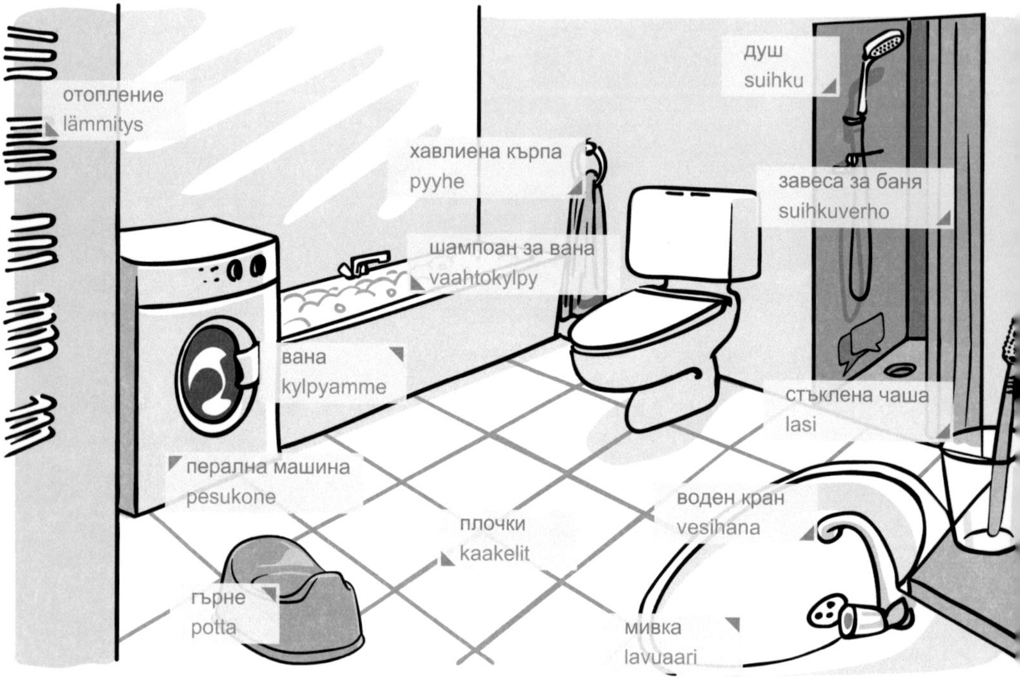

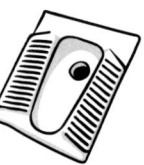

тоалетна

vessa

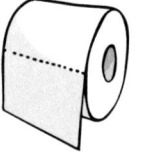

клекало

kyykkyvessa

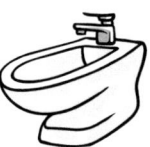

биде

bidee

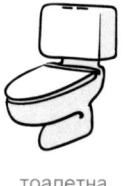

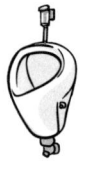

писоар

pisuaari

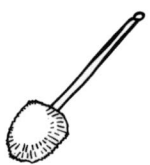

тоалетна хартия

vessapaperi

четка за тоалетна

vessaharja

четка за зъби

hammasharja

паста за зъби

hammastahna

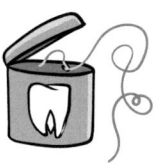

конец за зъби

hammaslanka

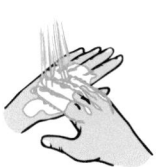

мия

pestä

ръчен душ

käsisuihku

интимен душ

intiimisuihku

леген

pesuvati

четка за гръб

selkäharja

сапун

saippua

душ гел

suihkugeeli

шампоан за вана

shampoo

гъба за баня

pesulappu

сифон

viemäri

крем

voide

дезодорант

deodorantti

огледало

peili

козметично огледало

käsipeili

ръчна самобръсначка

partaveitsi

пяна за бръснене

partavaahto

одеколон за след бръснене

partavesi

гребен

kampa

четка

harja

сешоар

hiustenkuivaaja

спрей за коса

hiuslakka

грим

meikki

червило

huulipuna

лак за нокти

kynsilakka

памук

pumpuli

ножица за нокти

kynsisakset

парфюм

hajuvesi

тоалетна чантичка

kosmetiikkalaukku

табуретка

jakkara

везна

vaaka

хавлия

kylpytakki

домакински ръкавици

kumihansikkaat

тампон

tamponi

дамски превръзки

terveysside

химическа тоалетна

kemiallinen wc

детска стая

lastenhuone

будилник
herätyskello
плюшена играчка
pehmolelu
автомобил играчка
leikkiauto
дрънкалка
helistin
къща за кукли
nukkekoti
подарък
lahja

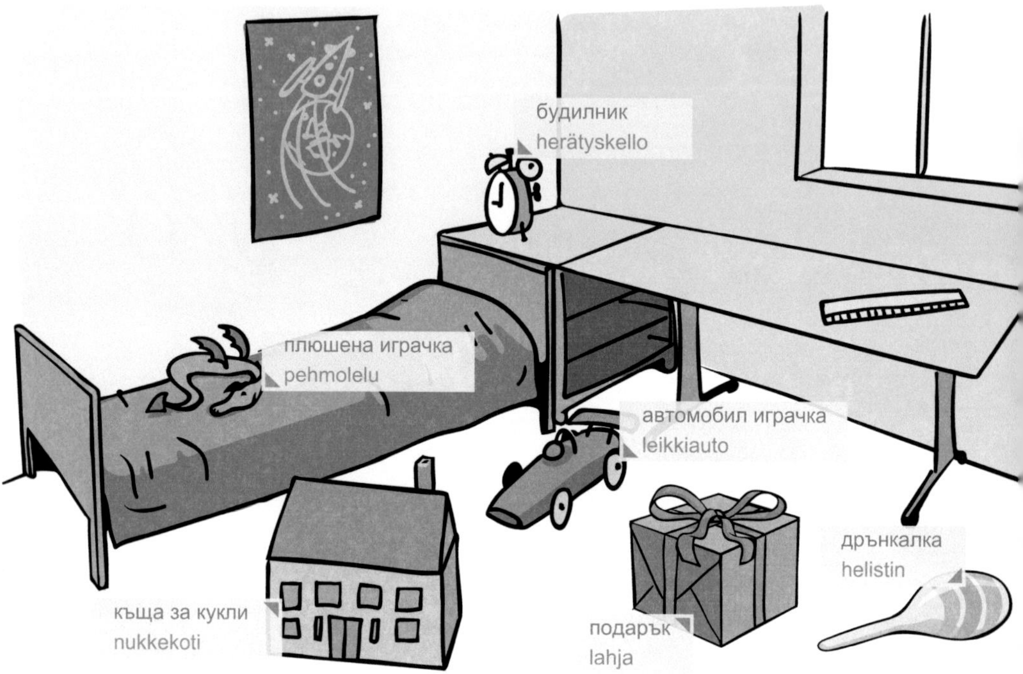

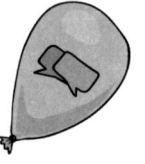

балон

ilmapallo

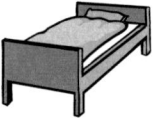

легло

sänky

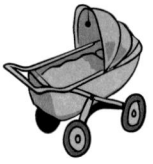

детска количка

lastenvaunut

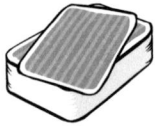

игра на карти

korttipeli

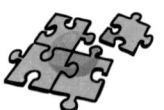

пъзел

palapeli

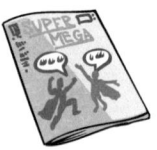

комикс

sarjakuva

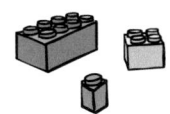

лего елементи

legopalikat

строителни елементи

rakennuspalikat

екшън фигурка

supersankari

бебешки гащеризон

potkupuku

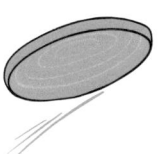

фрисби

frisbee

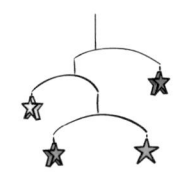

бебешки играчки за легло

mobile

настолна игра

lautapeli

зарче

noppa

миниатюрно влакче

pienoisjunarata

биберон

tutti

парти

juhlat

детска книга с илюстрации

kuvakirja

топка

pallo

кукла

nukke

играя

leikkiä

пясъчник

hiekkalaatikko

люлка

keinu

играчка

lelut

игрова конзола

pelikonsoli

велосипед с три колелета

kolmipyörä

плюшено мече

nalle

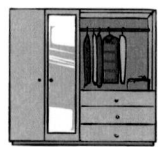

гардероб

vaatekaappi

облекло
vaatteet

къси чорапи

sukat

дълги чорапи

nylonsukat

чорапогащник

sukkahousut

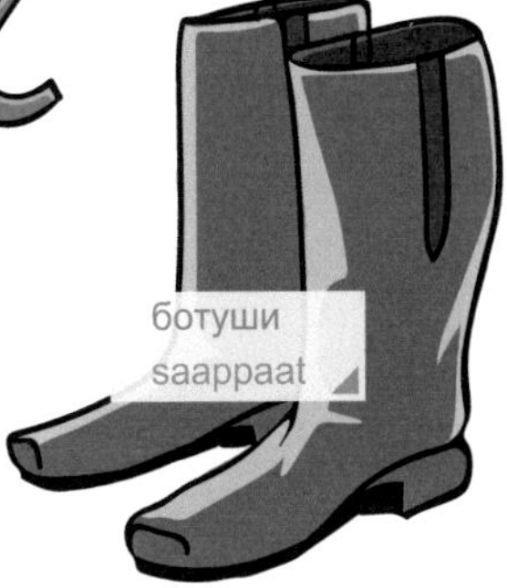

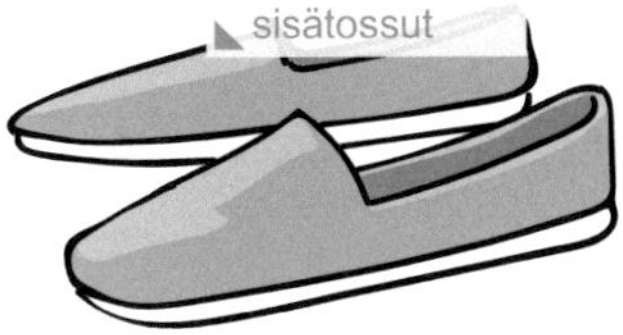

шал
kaulaliina

чадър
sateenvarjo

Т-шърт
t-paita

колан
vyö

ботуши
saappaat

пантофи
sisätossut

гуменки
lenkkarit

сандали
....
sandaalit

обувки
....
kengät

гумени ботуши
....
kumisaappaat

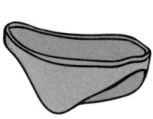

слип
....
alushousut

сутиен
....
rintaliivit

долна блуза
....
aluspaita

боди

body

панталон

housut

дънки

farkut

пола

hame

блуза

pusero

риза

paita

пуловер

villapaita

суичър

collegepaita

блейзър

jakku

яке

takki

палто

takki

дъждобран

sadetakki

костюм

puku

рокля

mekko

булчинска рокля

hääpuku

костюм

puku

нощница

yöpaita

пижама

pyjama

сари

shari

кърпа за глава

päähuivi

тюрбан

turbaani

бурка

burka

кафтан

kaftaani

абая

abaya

бански костюм

uimapuku

плувни шорти

uimahousut

къс панталон

shortsit

анцуг

verkkarit

престилка

esiliina

ръкавици

käsineet

копче

nappi

очила

silmälasit

гривна

rannekoru

верижка

kaulakoru

пръстен

sormus

обеца

korvakoru

каскет

lippalakki

закачалка

ripustin

шапка

hattu

вратовръзка

solmio

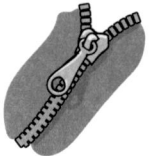

цип

vetoketju

каска

kypärä

тиранти

henkselit

ученическа униформа

koulupuku

униформа

univormu

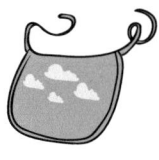

лигавник

ruokalappu

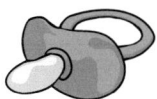

биберон

tutti

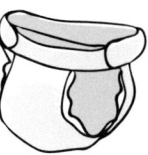

пелена

vaippa

офис

toimisto

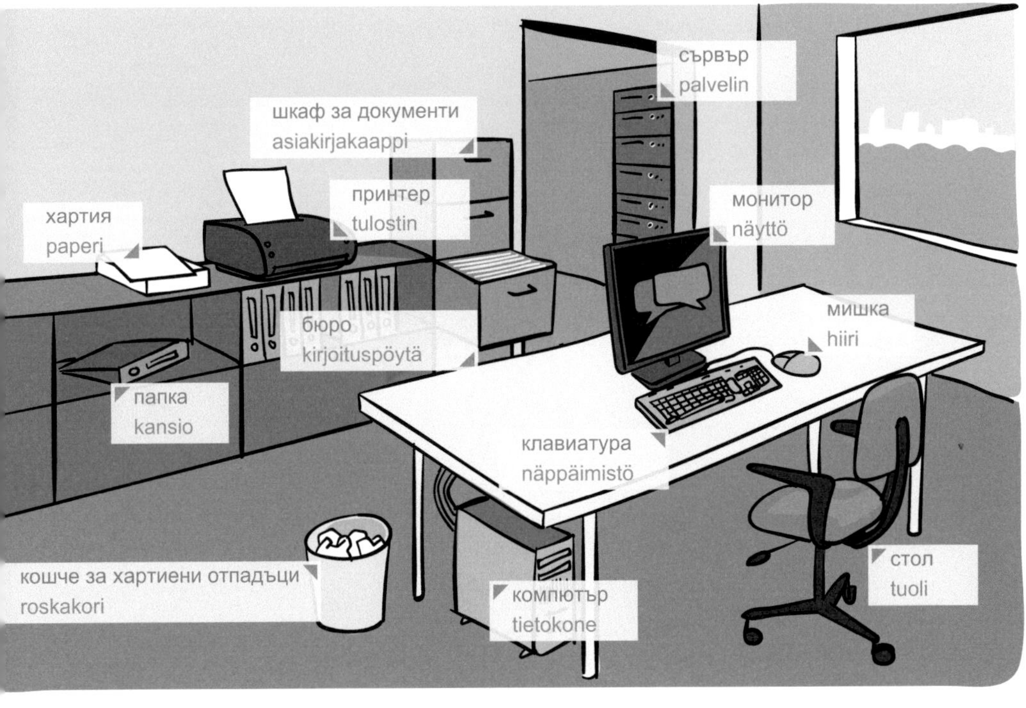

сървър
palvelin
шкаф за документи
asiakirjakaappi
принтер
tulostin
хартия
paperi
монитор
näyttö
мишка
hiiri
бюро
kirjoituspöytä
папка
kansio
клавиатура
näppäimistö
кошче за хартиени отпадъци
roskakori
компютър
tietokone
стол
tuoli

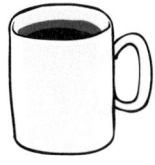

чаша за кафе

kahvimuki

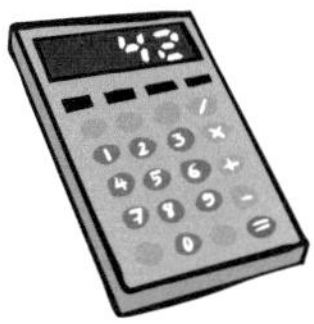

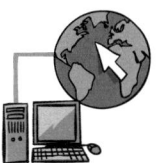

джобен калкулатор

taskulaskin

интернет

internet

лаптоп

kannettava tietokone

писмо

kirje

съобщение

viesti

мобилен телефон

kännykkä

мрежа

verkko

ксерокс

kopiokone

софтуер

ohjelmisto

телефон

puhelin

контакт

pistorasia

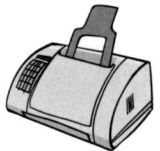

факс

faksi

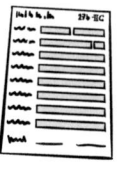

формуляр

lomake

документ

asiakirja

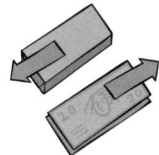

купувам

ostaa

плащам

maksaa

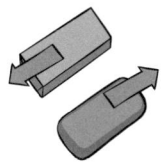

търгувам

vaihtaa

пари

raha

долар

dollari

евро

euro

йена

jeni

рубла

rupla

швейцарски франк

frangi

ренминби юан

renminbi juan

рупия

rupia

банкомат

pankkiautomaatti

обменно бюро

rahanvaihto

злато

kulta

сребро

hopea

нефт

öljy

енергия

energia

цена

hinta

договор

sopimus

данък

vero

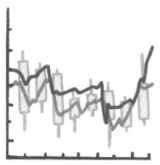

акция

osake

работя

työskennellä

служител

työntekijä

работодател

työnantaja

фабрика

tehdas

магазин за цветя

liike

професии

ammatit

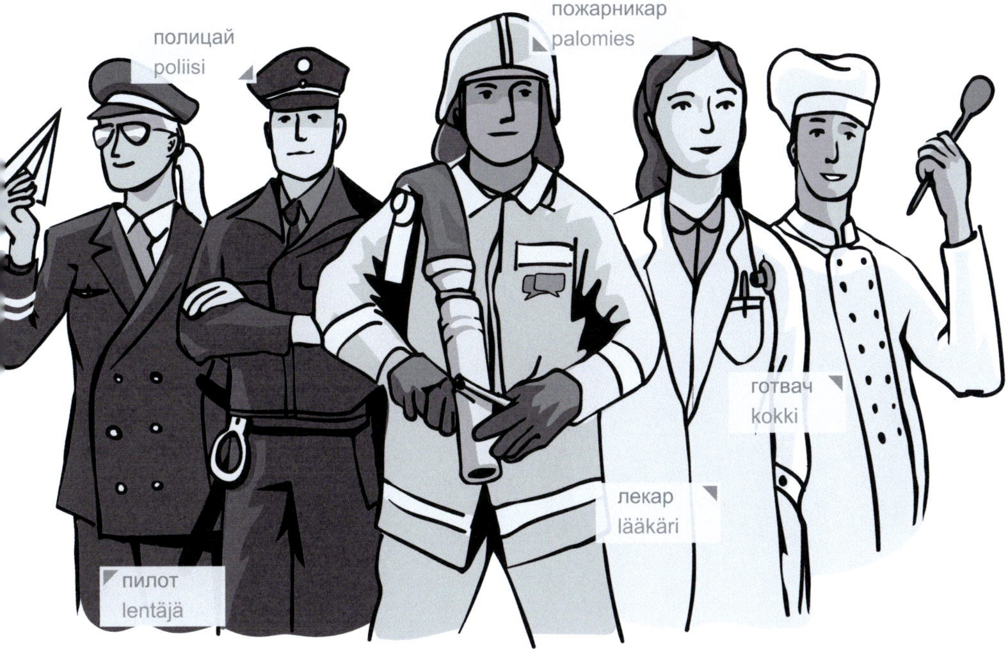
полицай
poliisi
пожарникар
palomies
готвач
kokki
лекар
lääkäri
пилот
lentäjä

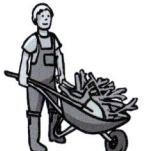

градинар

puutarhuri

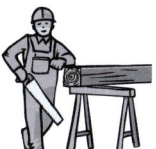

мебелист

puuseppä

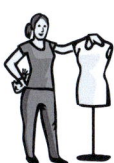

шивачка

ompelija

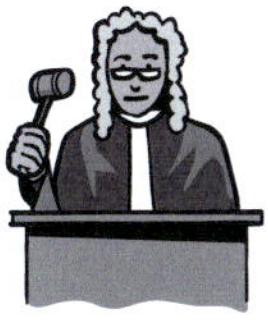

съдия

tuomari

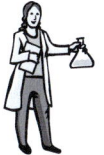

химик

kemisti

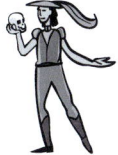

артист

näyttelijä

шофьор на автобус

linja-autonkuljettaja

шофьор на такси

taksinkuljettaja

рибар

kalastaja

чистачка

siivooja

майстор на покриви

katontekijä

келнер

tarjoilija

ловец

metsästäjä

художник

maalari

хлебар

leipuri

електротехник

sähköasentaja

строителен работник

rakentaja

инженер

insinööri

касапин

teurastaja

тенекеджия

putkiasentaja

пощальон

postinjakaja

войник

sotilas

архитект

arkkitehti

касиер

kassanhoitaja

цветар

floristi

фризьор

kampaaja

кондуктор

konduktööri

механик

mekaanikko

капитан

kapteeni

зъболекар

hammaslääkäri

научен работник

tiedemies

равин

rabbi

имàм

imaami

монах

munkki

свещеник

pappi

инструменти
työkalut

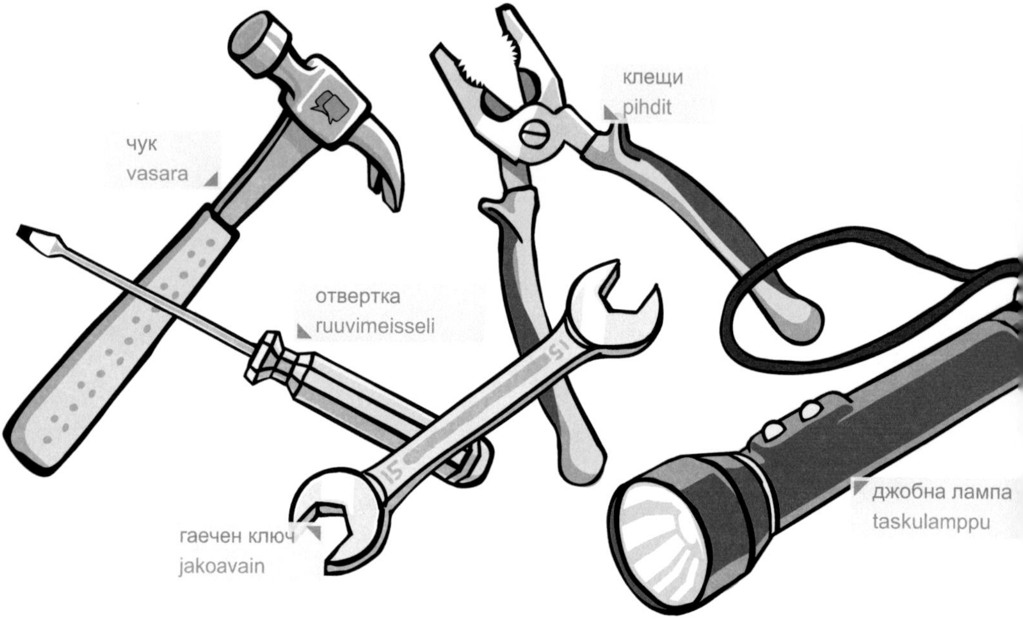
клещи
pihdit
чук
vasara
отвертка
ruuvimeisseli
джобна лампа
taskulamppu
гаечен ключ
jakoavain

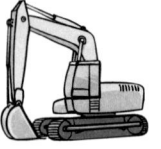

багер

kaivinkone

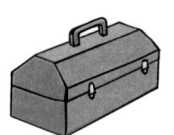

кутия за инструменти

työkalupakki

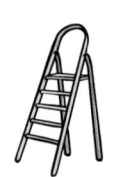

стълба

tikkaat

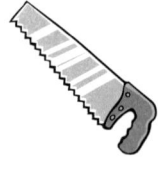

трион

saha

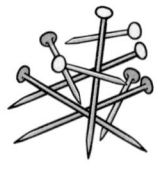

пирони

naulat

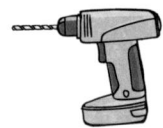

бормашина

pora

ремонтирам

korjata

лопата

lapio

По дяволите!

Hitto!

лопатка за смет

rikkalapio

кутия за боя

maalipurkki

болтове

ruuvit

музикални инструменти
soittimet

високоговорител
kaiuttimet

ударни инструменти
rummut

китара
kitara

контрабас
kontrabasso

тромпет
trumpetti

пиано

piano

виолина

viulu

контрабас

basso

тимпан

patarummut

барабан

rumpu

електрическо пиано

kosketinsoitin

саксофон

saksofoni

флейта

huilu

микрофон

mikrofoni

зоологическа градина
eläintarha

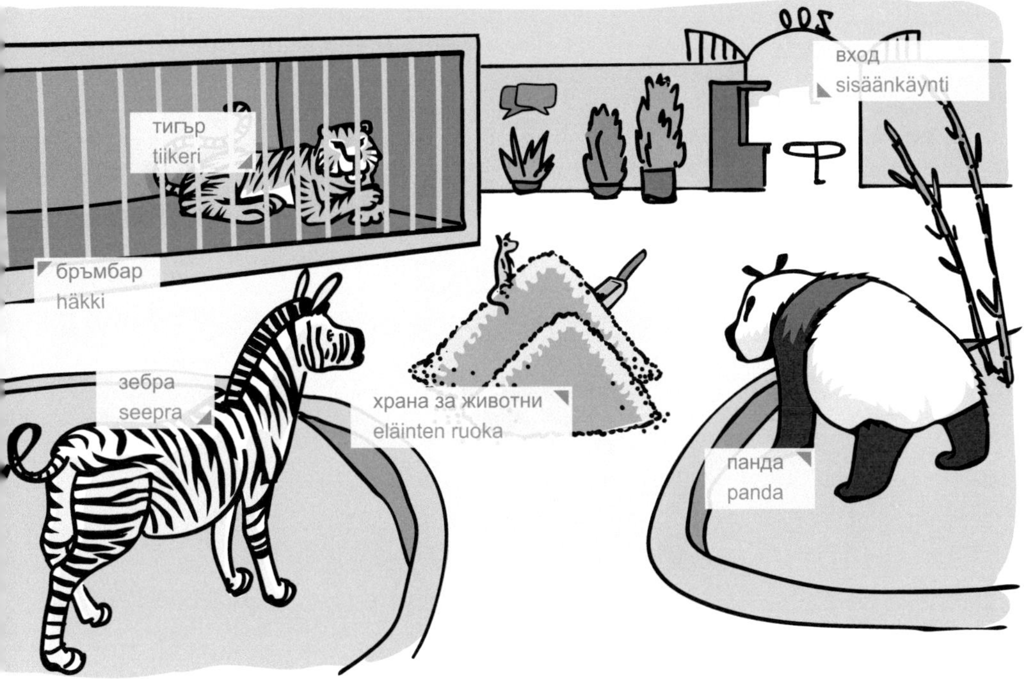

тигър
tiikeri
вход
sisäänkäynti
бръмбар
häkki
зебра
seepra
храна за животни
eläinten ruoka
панда
panda

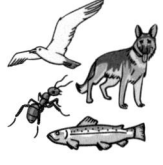

животни

eläimet

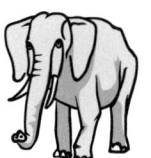

слон

norsu

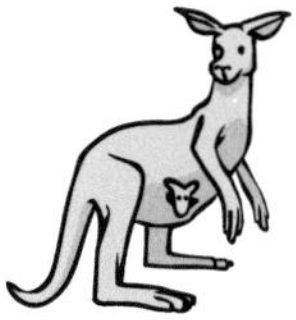

кенгуру

kenguru

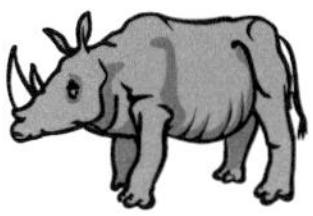

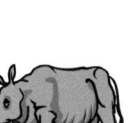

носорог

sarvikuono

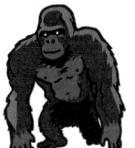

горила

gorilla

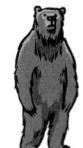

мечка

karhu

камила

kameli

щраус

strutsi

лъв

leijona

маймуна

apina

фламинго

flamingo

папагал

papukaija

бяла мечка

jääkarhu

пингвин

pingviini

акула

hai

паун

riikinkukko

змия

käärme

крокодил

krokotiili

пазач в зоологическа
градина

eläintarhanhoitaja

тюлен

hylje

ягуар

jaguaari

пони

poni

леопард

leopardi

хипопотам

virtahepo

жираф

kirahvi

орел

kotka

диво прасе

villisika

риба

kala

костенурка

kilpikonna

морж

mursu

лисица

kettu

газела

gaselli

американски футбол
amerikkalainen jalkapallo

колоездене
pyöräily

тенис
tennis

баскетбол
koripallo

плуване
uinti

бокс
nyrkkeily

хокей на лед
jääkiekko

футбол
jalkapallo

бадминтон
sulkapallo

лека атлетика
yleisurheilu

хандбал
käsipallo

ски бягане
hiihto

поло
poolo

дейности
aktiviteetit

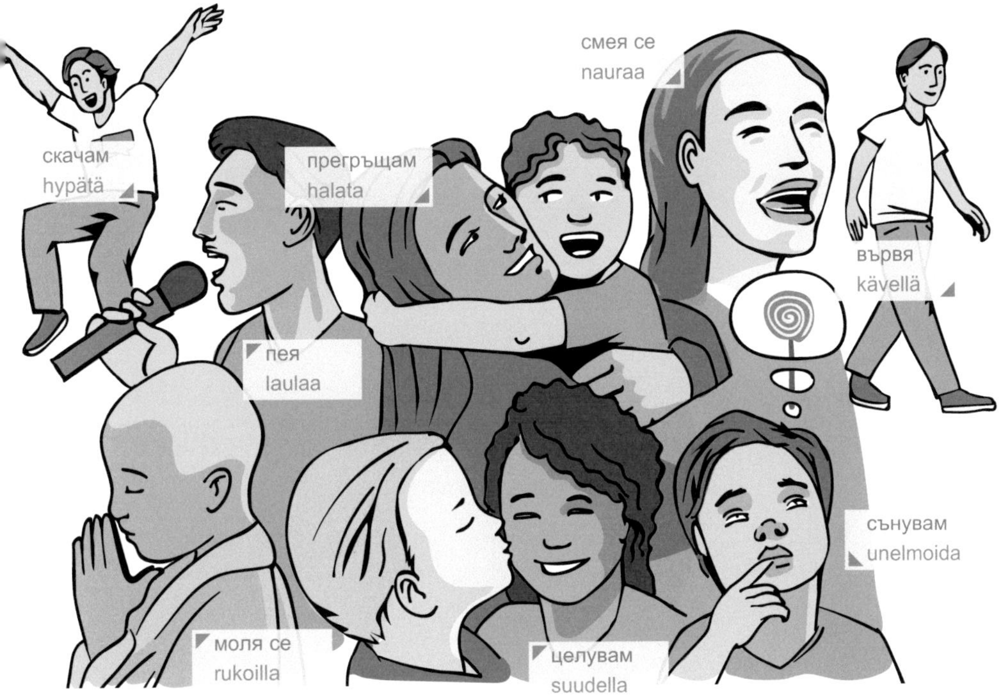
скачам
hypätä
прегръщам
halata
смея се
nauraa
вървя
kävellä
пея
laulaa
сънувам
unelmoida
моля се
rukoilla
целувам
suudella

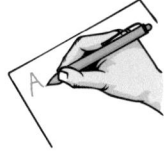

пиша

kirjoittaa

рисувам

piirtää

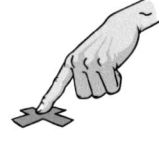

показвам

näyttää

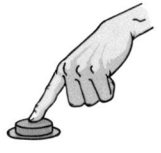

бутам

painaa

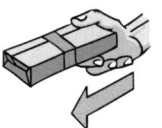

давам

antaa

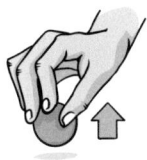

взимам

ottaa

имам

omistaa

правя

tehdä

съм

olla

стоя

seisoa

тичам

juosta

дърпам

vetää

хвърлям

heittää

падам

kaatua

лежа

maata

чакам

odottaa

нося

kantaa

седя

istua

обличам

pukeutua

спя

nukkua

събуждам се

herätä

разглеждам

katsoa

плача

itkeä

милвам

silittää

реша се

kammata

говоря

puhua

разбирам

ymmärtää

питам

kysyä

слушам

kuunnella

пия

juoda

ям

syödä

разтребвам

siivota

обичам

rakastaa

готвя

keittää

карам автомобил

ajaa

летя

lentää

плавам (с платна)

purjehtia

смятане

laskea

чета

lukea

уча

oppia

работя

työskennellä

женя се

mennä naimisiin

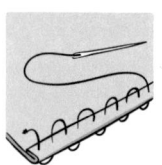

шия

ommella

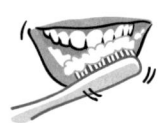

измивам си зъбите

pestä hampaat

убивам

tappaa

пуша

tupakoida

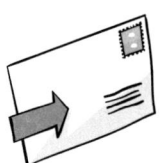

изпращам

lähettää

баба
mummo

дядо
ukki

баща
isä

майка
äiti

бебе
vauva

дъщеря
tytär

син
poika

посетител

vieras

леля

täti

чичо

setä

брат

veli

сестра

sisko

тяло

vartalo

чело
otsa
око
silmä
рамо
olkapää
пръст
sormet
лице
kasvot
брадичка
leuka
ръка
käsi
гърди
rinta
крак
jalka
ръка
käsivarsi

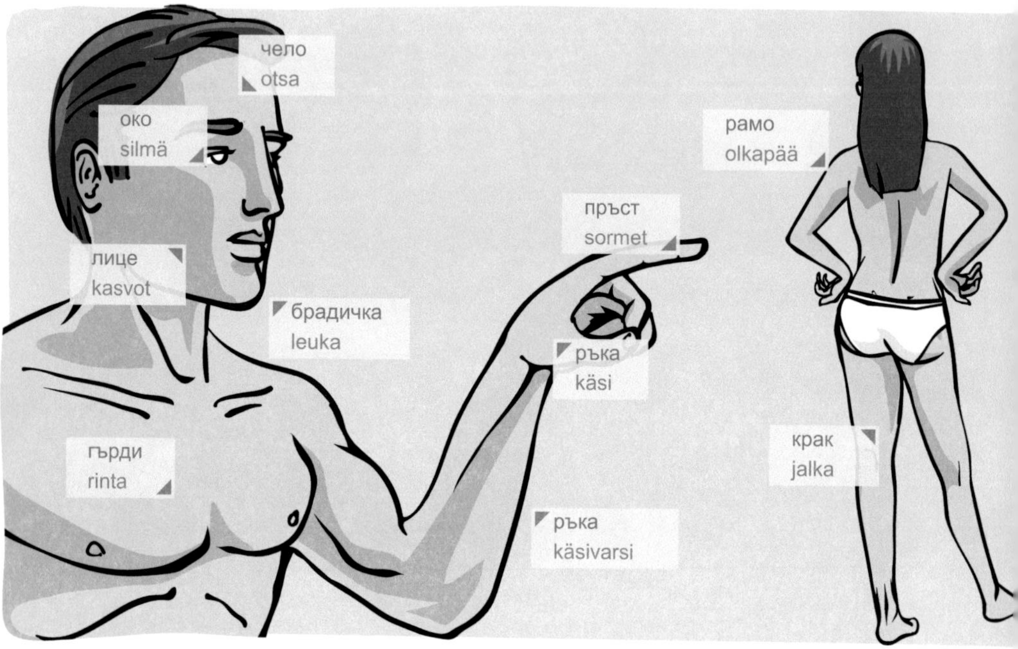

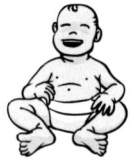

бебе

vauva

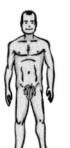

мъж

mies

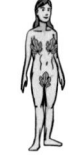

жена

nainen

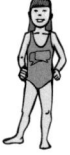

момиче

tyttö

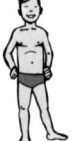

момче

poika

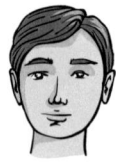

глава

pää

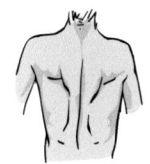

гръб

selkä

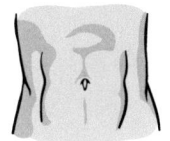

корем

maha

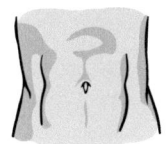

пъп

napa

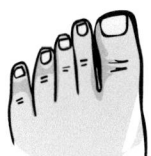

пръст на крака

varvas

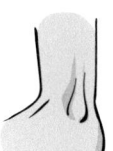

пета

kantapää

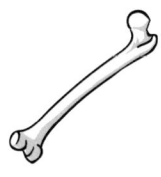

кост

luu

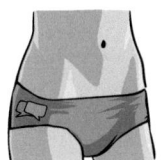

хълбок

lantio

коляно

polvi

лакът

kyynärpää

нос

nenä

седалище

takapuoli

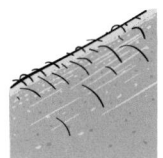

кожа

iho

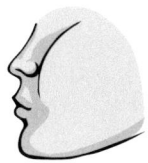

буза

poski

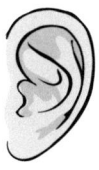

ухо

korva

устна

huuli

уста

suu

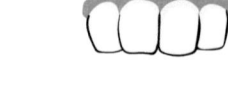

зъб

hammas

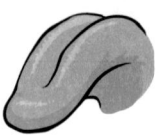

език

kieli

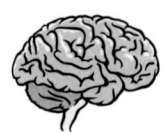

мозък

aivot

сърце

sydän

мускул

lihas

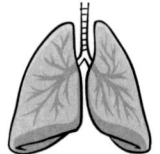

бял дроб

keuhkot

черен дроб

maksa

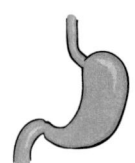

стомах

vatsa

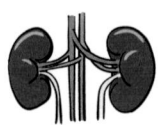

бъбреци

munuaiset

полово сношение

seksi

кондом

kondomi

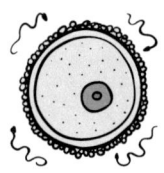

яйцеклетка

munasolu

сперма

sperma

бременност

raskaus

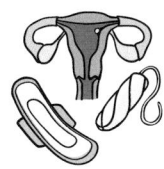

менструация

kuukautiset

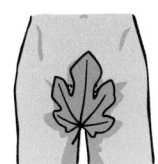

вагина

vagina

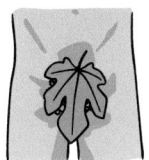

пенис

penis

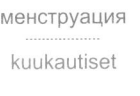

вежда

kulmakarvat

коса

hiukset

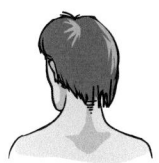

шия

niska

тяло - vartalo

болница
sairaala

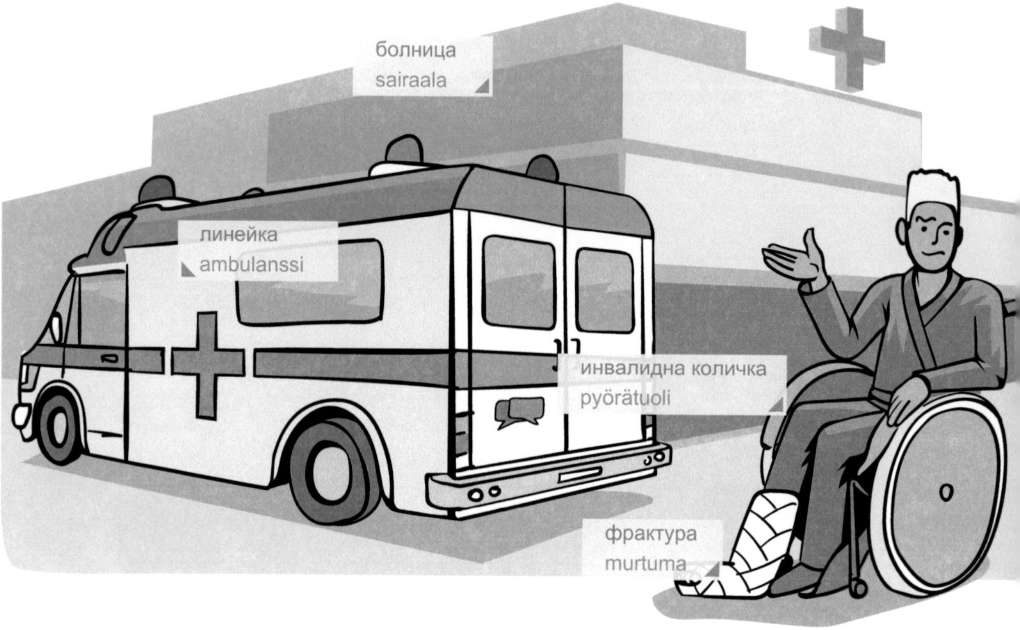

болница
sairaala
линейка
ambulanssi
инвалидна количка
pyörätuoli
фрактура
murtuma

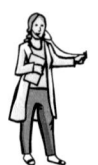

лекар

lääkäri

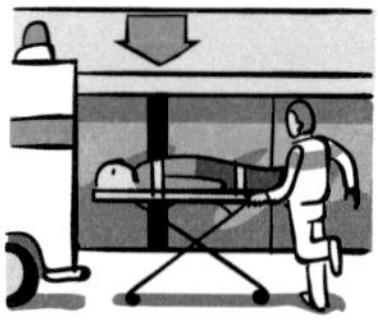

спешна хоспитализация

ensiapu

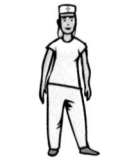

медицинска сестра

sairaanhoitaja

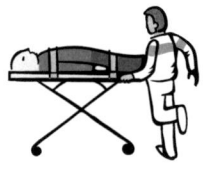

спешен случай

hätätilanne

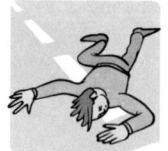

в безсъзнание

tajuton

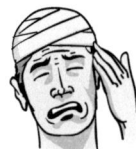

болка

kipu

нараняване

vamma

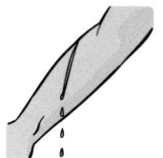

кървене

verenvuoto

инфаркт

sydänkohtaus

инсулт

aivoinfarkti

алергия

allergia

кашлица

yskä

температура

kuume

грип

flunssa

диария

ripuli

главоболие

päänsärky

рак

syöpä

диабет

diabetes

хирург

kirurgi

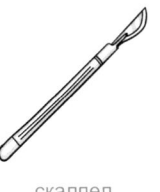

скалпел

veitsi

операция

leikkaus

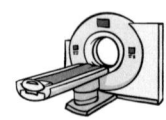

компютърна томография

ct

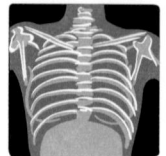

рентген

röntgen

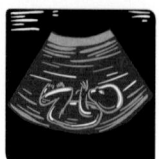

ултразвук

ultraääni

маска

maski

болест

sairaus

чакалня

odotushuone

патерица

sauva

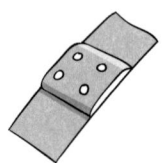

пластир

laastari

превръзка

side

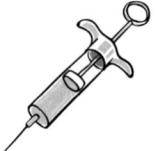

инжекция

pistos

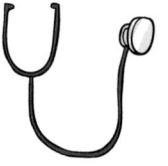

стетоскоп

stetoskooppi

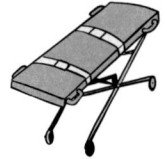

носилка

paarit

термометър

kuumemittari

раждане

syntymä

наднормено тегло

ylipaino

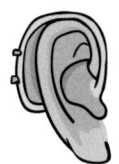

слухов апарат

kuulolaite

дезинфекционно средство

desinfiointiaine

инфекция

infektio

вирус

virus

HIV / AIDS

HIV / AIDS

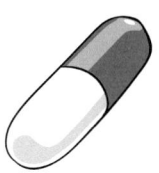

медицина

lääke

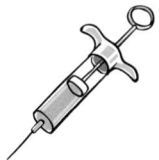

ваксинация

rokotus

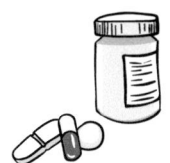

таблети

tabletit

противозачатъчна
таблетка
pilleri

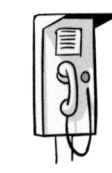

спешно телефонно
обаждане
hätäpuhelu

апарат за измерване на
кръвното налягане

verenpainemittari

болен / здрав

sairas / terve

Помощ!

Apua!

нападение

ryöstö

атака

hyökkäys

опасност

vaara

авариен изход

hätäuloskäynti

Пожар!

Tulipalo!

пожарогасител

palosammutin

злополука

onnettomuus

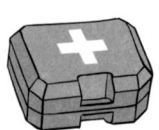

комплект за оказване на
първа помощ

ensiapulaukku

SOS

SOS

полиция

poliisilaitos

Европа

Eurooppa

Северна Америка

Pohjois-Amerikka

Южна Америка

Etelä-Amerikka

Африка

Afrikka

Азия

Aasia

Австралия

Australia

Атлантически океан

Atlantin valtameri

Тихи океан

Tyynimeri

Индийски океан

Intian valtameri

Южен ледовит океан

Eteläinen jäämeri

Северен ледовит океан

Pohjoinen jäämeri

Северен полюс

pohjoisnapa

Южен полюс

etelänapa

Антарктида

Antarktis

Земя

maa

суша

maa

море

meri

остров

saari

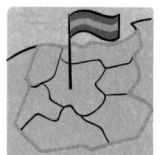

нация

kansa

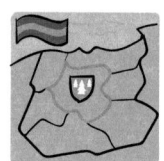

държава

osavaltio

циферблат

kellotaulu

стрелка на часовете

tuntiviisari

стрелка на минутите

minuuttiviisari

стрелка на секундите

sekuntiviisari

Колко е часът?

Paljonko kello on?

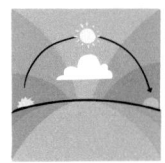

ден

päivä

време

aika

сега

nyt

дигитален часовник

digitaalikello

минута

minuutti

час

tunti

седмица
viikko

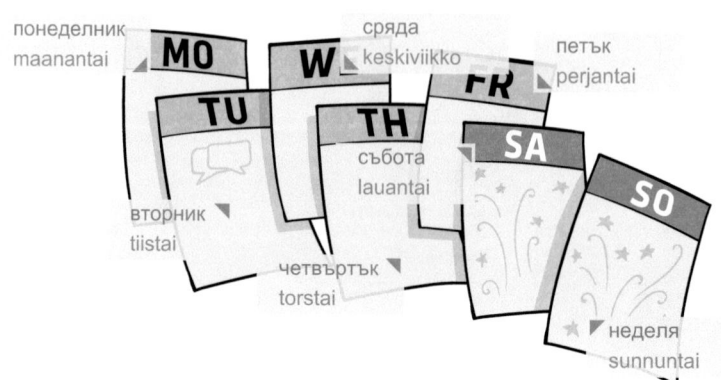

понеделник
maanantai

сряда
keskiviikko

петък
perjantai

вторник
tiistai

събота
lauantai

четвъртък
torstai

неделя
sunnuntai

вчера
eilen

днес
tänään

утре
huomenna

сутрин
aamu

обед
keskipäivä

вечер
ilta

MO	TU	WE	TH	FR	SA	SU
1	2	3	4	5	6	7
8	9	10	11	12	13	14
15	16	17	18	19	20	21
22	23	24	25	26	27	28
29	30	31	1	2	3	4

работни дни
työpäivät

MO	TU	WE	TH	FR	SA	SU
1	2	3	4	5	6	7
8	9	10	11	12	13	14
15	16	17	18	19	20	21
22	23	24	25	26	27	28
29	30	31	1	2	3	4

уикенд
viikonloppu

дъжд
sade

дъга
sateenkaari

вятър
tuuli

сняг
lumi

пролет
kevät

есен
syksy

лято
kesä

зима
talvi

4.APRIL	11°	☀
5.APRIL	4°	☁
6.APRIL	13°	☔
7.APRIL	8°	❄
8.APRIL	10°	☀

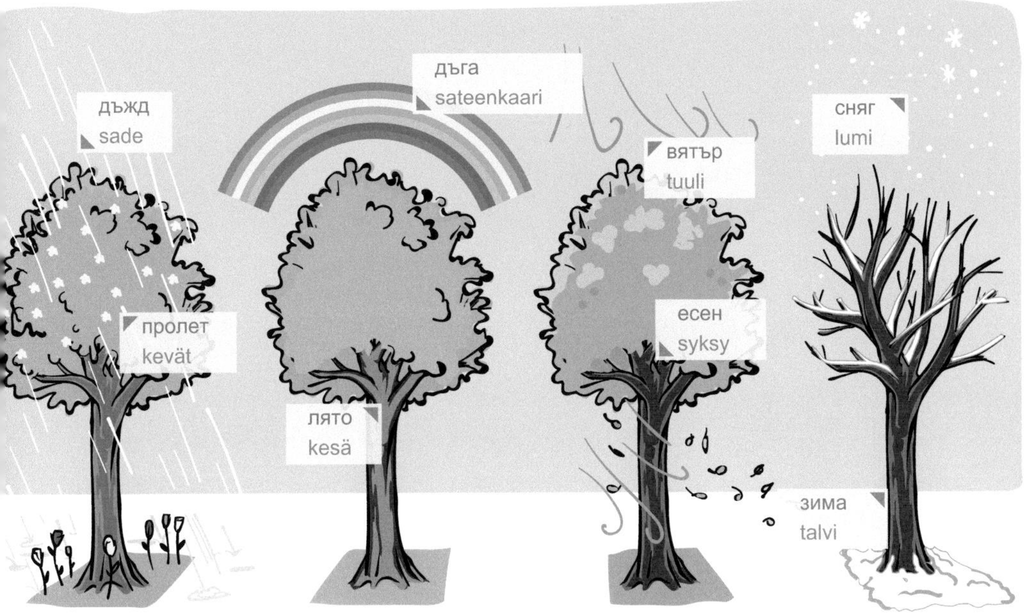

прогноза за времето

sääennuste

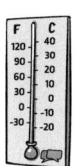

термометър

lämpömittari

слънчева светлина

auringonpaiste

облак

pilvi

мъгла

sumu

влажност на въздуха

ilmankosteus

светкавица

salama

гръмотевица

ukkonen

буря

myrsky

градушка

rae

мусон

monsuuni

наводнение

tulva

лед

jää

януари

tammikuu

февруари

helmikuu

март

maaliskuu

април

huhtikuu

май

toukokuu

юни

kesäkuu

юли

heinäkuu

август

elokuu

година - vuosi

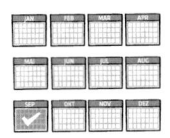

септември

syyskuu

октомври

lokakuu

ноември

marraskuu

декември

joulukuu

форми
muodot

кръг

ympyrä

квадрат

neliö

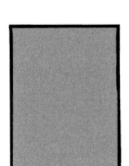

четириъгълник

suorakulmio

триъгълник

kolmio

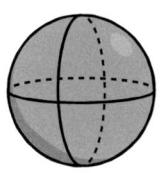

сфера

pallo

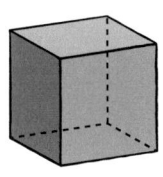

куб

kuutio

бял

valkoinen

жълт

keltainen

оранжев

oranssi

розов

vaaleanpunainen

червен

punainen

лилав

violetti

син

sininen

зелен

vihreä

кафяв

ruskea

сив

harmaa

черен

musta

много / малко

paljon / vähän

ядосан / спокоен

vihainen / ystävällinen

красив / грозен

kaunis / ruma

начало / край

alku / loppu

голям / малък

suuri / pieni

светъл / тъмен

vaalea / tumma

брат / сестра

veli / sisko

чист / мръсен

puhdas / likainen

пълен / непълен

täydellinen / epätäydellinen

ден / нощ

päivä / yö

мъртъв / жив

kuollut / elävä

широк / тесен

leveä / kapea

ядлив / неядлив

syötävä / syömäkelvoton

сърдит / любезен

paha / kiltti

развълнуван / скучаещ

innostunut / tylsistynyt

дебел / тънък

lihava / laiha

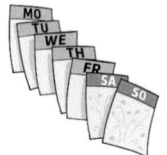

най-напред / най-накрая

ensimmäinen / viimeinen

приятел / враг

ystävä / vihollinen

пълен / празен

täysi / tyhjä

твърд / мек

kova / pehmeä

тежък / лек

painava / kevyt

глад / жажда

nälkä / jano

болен / здрав

sairas / terve

нелегален / легален

laiton / laillinen

интелигентен / глупав

älykäs / tyhmä

ляво / дясно

vasen / oikea

близо / далече

lähellä / kaukana

нов / употребяван

uusi / käytetty

нищо / нещо

ei mitään / jotain

стар / млад

vanha / nuori

вкл. / изкл.

päällä / pois päältä

отворен / затворен

auki / kiinni

тих / силен (звук)

hiljainen / äänekäs

богат / беден

rikas / köyhä

правилен / погрешен

oikein / väärin

грапав / гладък

karhea / sileä

тъжен / щастлив

surullinen / iloinen

дълъг / къс

lyhyt / pitkä

бавен / бърз

hidas / nopea

мокър / сух

märkä / kuiva

топъл / студен

lämmin / viileä

война / мир

sota / rauha

0

нула

nolla

1

едно

yksi

2

две

kaksi

3

три

kolme

4

четири

neljä

5

пет

viisi

6

шест

kuusi

7

седем

seitsemän

8

осем

kahdeksan

9

девет

yhdeksän

10

десет

kymmenen

11

единадесет

yksitoista

12

дванадесет

kaksitoista

13

тринадесет

kolmetoista

14

четиринадесет

neljätoista

15

петнадесет

viisitoista

16

шестнадесет

kuusitoista

17

седемнадесет

seitsemäntoista

18

осемнадесет

kahdeksantoista

19

деветнадесет

yhdeksäntoista

20

двадесет

kaksikymmentä

100

сто

sata

1.000

хиляда

tuhat

1.000.000

милион

miljoona

числа - numerot

английски

englanti

американски английски

amerikanenglanti

китайски мандарин

mandariinikiina

хинди

hindi

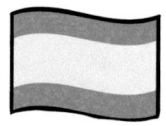

испански

espanja

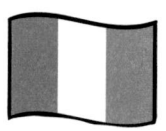

френски

ranska

арабски

arabia

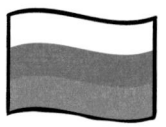

руски

venäjä

португалски

portugali

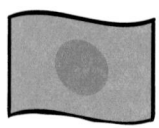

бенгалски

bengali

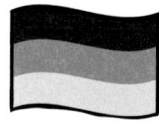

немски

saksa

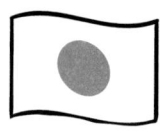

японски

japani

аз

minä

ти

sinä

той / тя / то

hän

ние

me

вие

te

те

he

кой?

kuka?

какво?

mitä / mikä?

как?

miten?

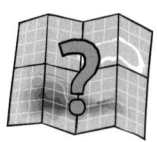

къде?

missä?

кога?

milloin?

име

nimi

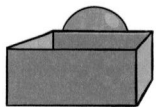

зад

takana

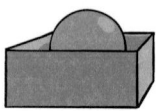

в

sisällä

пред

edessä

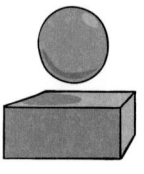

над

yläpuolella

върху

päällä

под

alapuolella

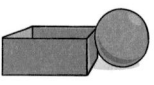

до

vieressä

между

välissä

място

paikka